Inhalt

E-Customs in Deutschland - Atlas und NCTS

Kernthesen

Beitrag

Fallbeispiele

Weiterführende Literatur

Impressum

E-Customs in Deutschland - Atlas und NCTS

I.Zeilhofer-Ficker

Kernthesen

- Europa hat sich neben der grundlegenden Reform des europäischen Zollrechts auch die papierlose Zollabwicklung zum Ziel gesetzt.
- Mit dem Versandverfahren NCTS wurde 2003 die erste elektronische Zolltransaktion europaweit umgesetzt.
- In Deutschland ist schon seit Ende 2001 das elektronische Zollsystem Atlas für die Abwicklung der Zolleinfuhr freigeschaltet und wird mittlerweile von über 80 % der Importbeteiligten genutzt.

- Bis zum Jahr 2005 sollen alle weiteren Zollverfahren auf elektronischer Ebene abgewickelt und damit die papierfreie Zollabwicklung verwirklicht werden.

Beitrag

Papierfreie Zollabwicklung das Ziel für Europa

Globalisierung bedeutet nicht nur internationale Präsenz und Zusammenarbeit, sondern vor allem auch einen steigenden globalen Warenaustausch. Bis heute wird dieser Warenaustausch weitgehend von strikten, komplizierten und aufwendigen zolltechnischen Import- und Exportverfahren behindert, die meist die Bearbeitung eines riesigen Papierberges erfordern.

In der EU soll sich das nun ändern. Die 15 EU-Mitgliedsstaaten haben sich auf eine gemeinsame Zollstrategie geeinigt, welche die vollständige Umstellung der Zollverfahren auf elektronische Abwicklung zum Ziel hat. Neben der Computerisierung ist vorgesehen, das gesamte europäische Zollrecht zu reformieren und auf nur noch drei einheitliche Zollverfahren - Einfuhr, Ausfuhr und Nichterhebungsverfahren - zu reduzieren. (1)

Da in den Mitgliedsländern unterschiedliche nationale IT-Systeme implementiert sind und damit ein Europa-einheitliches Computersystem kaum zu verwirklichen wäre, wird die elektronische Kommunikation der nationalen Systeme miteinander über Schnittstellen standardisiert vorgenommen. (1)

Als ersten Schritt werden alle Zollbehörden der 15 Mitgliedsstaaten das Versandverfahren NCTS (New Computerised Transit System) bis Ende Juni 2003 implementieren. Auch Nicht-EU-Länder wie beispielsweise die Schweiz, Norwegen und die Tschechische Republik haben sich dem Verfahren angeschlossen. In insgesamt 22 Ländern soll bis Juli 2003 wenigstens eine Zollstelle an NCTS angebunden sein. Laut EU-Kommission werden die meisten Länder diese Frist auch einhalten können. (2), (6)

Deutschland ist in der glücklichen Lage, dass die elektronische Zollabwicklung kein Neuland mehr ist. Bereits seit Ende 2001 gibt es in Deutschland das Zollsystem Atlas für den Import, das mittlerweile für über 80 % der Importsendungen in den freien Verkehr genutzt wird. Seit Anfang 2003 kann NCTS als Atlas-Subsystem angewandt werden. (3)

Atlas das deutsche Zollsystem

Mit dem IT-Verfahren Atlas (Automatisiertes Tarif- und Lokales Zollabwicklungssystem) wurde in Deutschland bereits Ende 2001 die Voraussetzung für die papierlose Zollabwicklung geschaffen. Bis heute sind über 300 deutsche Zollstellen mit Atlas ausgestattet; die übrigen werden bis Ende September 2003 angeschlossen sein. (4)

Auch bei den Wirtschaftsunternehmen erfreut sich Atlas steigender Bedeutung. Im März 2003 wurden von den 450 000 zolltechnisch erfassten Importsendungen bereits 80 % über Teilnehmereingabe für Atlas abgewickelt, weitere 18 000 Anmeldungen erfolgten über die Internet-Erfassung. (3) Auch das erst seit Anfang 2003 verfügbare Versandverfahren NCTS wurde im März schon für über 50 000 Vorgänge genutzt, Tendenz weiter steigend. (3)

Grundsätzlich wird Atlas über drei verschiedene Eingabeverfahren bedient:

Die Teilnehmereingabe

Eine komplett elektronische Zollabwicklung ist nur im Teilnehmerverfahren möglich. Der Unternehmer, der als Teilnehmer mit Atlas arbeiten möchte, muss dazu eine zertifizierte Teilnehmersoftware einsetzen, kombiniert mit einer Kommunikationssoftware, die die Datenübermittlung im EDIFACT-Format mittels Datenfernübertragungsprotokoll X.400 oder FTAM unterstützt. (4)

Die unternehmensspezifischen Stammdaten werden anhand einer Zollnummer identifiziert, die Beteiligten-Identifikations-Nummer (BIN) ersetzt die handschriftliche Unterschrift. Die Steuernummer und eine Aufschub-BIN sind notwendig, wenn ein Aufschubkonto für die Einfuhrumsatzsteuer genutzt werden soll. (5)

Sind all diese Voraussetzungen erfüllt, können die notwendigen Daten für die Zollanmeldung beim Anmelder oder seinem Vertreter (Spediteur o. ä.) erfasst und elektronisch an die Zollstelle übermittelt werden. Dabei ist es möglich, Daten aus der hauseigenen DV-Anlage zu übernehmen. Die Angaben werden vom Zollbeamten geprüft und bearbeitet und ein Zollbescheid elektronisch zurückgeschickt. Bei diesem Verfahren wird auf die Vorlage von Unterlagen wie Rechnungen usw. beim Zollamt weitgehend verzichtet. Die Dokumente müssen auf Anforderung allerdings einsehbar sein.

(4), (5)

Da Zollanmeldungen bereits vorab an alle Zollstellen geschickt und so schon vor Eintreffen der Waren an der Grenze geprüft werden können, ist eine schnelle und problemlose Abfertigung am Grenzzollamt gewährleistet. Oft wird die Freigabe der Ware schon vor dem physikalischen Grenzübertritt erfolgen. (5), (7)

Die Internetzollanmeldung

Seit August 2002 steht den Zollbeteiligten die Möglichkeit der Internetzollanmeldung offen, wenn sie nicht die gesamte Software im eigenen Haus installieren möchten. Dabei erfolgt die Datenerfassung über eine Maske im Internet, die Zollanmeldung muss ausgedruckt, unterschrieben und mit den üblichen Dokumenten bei der Zollstelle vorgelegt werden. Dort wird die Anmeldung bearbeitet und ein Steuerbescheid ausgedruckt. (4), (6)

Die Benutzereingabe

Wird die Zollanmeldung auf dem amtlichen Papier-Vordruck zusammen mit allen notwendigen Dokumenten beim Zollamt abgegeben, muss der Zollbeamte alle Daten in Atlas übertragen, damit der Anmelder nach Prüfung der Unterlagen seinen ausgedruckten Zollbescheid erhalten kann. Dieses Verfahren ist sowohl für die Wirtschaftsbetriebe als auch für die Zollbehörden das aufwendigste und soll bis spätestens April 2004 soweit wie möglich durch die Teilnehmer- oder Interneteingabe ersetzt werden. (4)

NCTS in Deutschland

Neben den computerisierten Einfuhrverfahren steht den deutschen Zollbeteiligten seit Anfang des Jahres mit NCTS auch die Möglichkeit des elektronischen Versandverfahrens offen. Bis Juli 2003 sollen alle deutschen Zollstellen mit NCTS ausgerüstet sein. (4) Vor allem Unternehmen, die eine Bewilligung als "Zugelassener Empfänger" beziehungsweise als "Zugelassener Versender" haben, sollten sich baldmöglichst nach einer zertifizierten Software-Lösung umsehen, da die Bewilligungen ab dem 1. April 2004 nur noch für Teilnehmer an Atlas gültig bleiben werden. (8)

Trotz der unbestrittenen Vorteile des elektronischen Zollverfahrens bliebt NCTS nicht ohne Kritik. Bemängelt wird zum Beispiel die Vorschrift, dass beim LKW-Versand die Fahrzeugnummer angegeben werden muss und deshalb die Entladung von Sammelgut bei unterschiedlichen Entladestellen nicht ohne weiteres durchgeführt werden kann. (9) Auch Express- und Kurierfirmen kämpfen mit einigen der Vorschriften und versuchen, bei den Zollbehörden Verbesserungen durchzusetzen. (10)

Damit die Vorteile der elektronischen Zollabwicklung genutzt werden können, haben die Unternehmen relativ hohe Anschaffungskosten von bis zu 100 000 Euro für die benötigte Software zu tragen und mit einer Einarbeitungszeit des Personals von mindestens ein bis zwei Monaten zu rechnen. Für kleinere Betriebe bietet sich daher die Möglichkeit der Nutzung von Atlas über ASP (Application Service Providing). (11)

Fallbeispiele

Sehr weit fortgeschritten ist die Computerisierung

aller Zollvorgänge im Containerterminal des Hamburger Hafens. Der "Paperless Port" wird demnächst verwirklicht sein und die Zollabfertigung ist meist schon erledigt, wenn der LKW den Container abholt. Die wachsenden Umschlagmengen in Hamburg zeigen, dass dies als wirklicher Wettbewerbsfaktor angesehen wird. (14)

Softwareanbieter

Über 20 Anbieter können zertifizierte Softwarelösungen für die Arbeit mit Atlas vorweisen. Allerdings unterscheiden sich die Anbieter sowohl in den lieferbaren Übertragungsverfahren als auch den Möglichkeiten der Durchführung einzelner Zollverfahren. Eine komplette Liste findet sich in der Homepage von Atlas. (4)

Die GLI-Micram AG, Bochum, die mit der Zollbearbeitungssoftware "skally" bereits seit einiger Zeit das Teilnehmerverfahren an Atlas ermöglicht, wird ab der zweiten Jahreshälfte in Zusammenarbeit mit dem Formularverlag CW Niemeyer, Hameln, eine ASP-Version anbieten. NCTS ist in "skally" integriert.

(16), (17)

Auch die Zollsoftware "Zodiak" der Dakosy AG, Hamburg ist für NCTS lizenziert und kann über ASP nach Bedarf gemietet werden. Im dritten Quartal 2003 soll auch die Anwendung "Zolllager" zur Verfügung stehen. (11)

Die Online-Kopplung der Lagerverwaltungsdaten mit dem Atlas-fähigen Zollsystem steht den Nutzern der LogControl(R)-WHM-Software über die Zusammenarbeit mit dem Zollsystem TIA Z3 offen. Der dadurch mögliche durchgängige Informationsfluss zwischen Lagerverwaltung und Zollsoftware ist die Voraussetzung für die Bewilligung eines Offenen Zolllagers im Atlasverfahren. (15)

Weiterführende Literatur

(1) Knell, Jutta, E-Customs - Beginn eines neuen Zollzeitalters - Spediteur soll Kommunikation zwischen Kunden und Verwaltung übernehmen, DVZ, Nr. 028, 06.03.2003
aus Die Welt, Jg. 54, 13.03.2003, Nr. 61, S. 37

(2) Zollsystem NCTS auf dem Vormarsch - Spedition bereitet sich auf Datenaustausch vor, DVZ, Nr. 043, 10.04.2003

aus Die Welt, Jg. 54, 13.03.2003, Nr. 61, S. 37

(3) NCTS gewinnt neue Freunde - Im März schon 50 000 Zollanmeldungen über IT-System, DVZ, Nr. 055, 08.05.2003
aus Die Welt, Jg. 54, 13.03.2003, Nr. 61, S. 37

(4) http://www.atlas.zoll-d.de - ATLAS
aus Die Welt, Jg. 54, 13.03.2003, Nr. 61, S. 37

(5) Schaub, Jürgen, Ohne Atlas und NCTS entfallen Zoll-Vereinfachungen - IT-Zollverfahren benötigen ein bis zwei Monate Einarbeitungszeit, DVZ, Nr. 051, 29.04.2003
aus Die Welt, Jg. 54, 13.03.2003, Nr. 61, S. 37

(6) Materna, Winfried, Warenverkehr - Die Finanzverwaltung ermöglicht den schnellen Klick zum Zoll, Computer Zeitung, Heft 38, 2002, S. 18
aus Die Welt, Jg. 54, 13.03.2003, Nr. 61, S. 37

(7) Hightech bringt Verzollung auf Touren - Mehr Transparenz durch IT-System Atlas, DVZ, Nr. 051, 29.04.2003
aus Die Welt, Jg. 54, 13.03.2003, Nr. 61, S. 37

(8) Zoll zieht Bewilligungen zum 1. April 2004 ein, DVZ, Nr. 028, 06.03.2003
aus Die Welt, Jg. 54, 13.03.2003, Nr. 61, S. 37

(9) Grage, Hans-Peter, Der Zoll schafft das Papier ab - Vorteile müssen auch den Spediteuren zugute kommen, DVZ, Nr. 044, 12.04.2003

aus Die Welt, Jg. 54, 13.03.2003, Nr. 61, S. 37

(10) Seifert, Wilf, NCTS hat nicht nur Freunde - Expressfirmen am EuroAirport sperren sich gegen das neue Zolltransitsystem, DVZ, Nr. 015, 04.02.2003
aus Die Welt, Jg. 54, 13.03.2003, Nr. 61, S. 37

(11) NCTS-Abwicklung kostengünstig via ASP - Schon mehr als 300 Logistikunternehmen als Nutzer, DVZ, Nr. 051, 29.04.2003
aus Die Welt, Jg. 54, 13.03.2003, Nr. 61, S. 37

(12) Ab 2005 keine Ladelisten beim Versandverfahren, DVZ, Nr. 028, 06.03.2003
aus Die Welt, Jg. 54, 13.03.2003, Nr. 61, S. 37

(13) Knell, Jutta, Spedition kritisiert IT-gestützte Risikoanalyse - Bewertungsziffern gehen von eins bis drei, DVZ, Nr. 046, 17.04.2003
aus Die Welt, Jg. 54, 13.03.2003, Nr. 61, S. 37

(14) Stapelfeldt, Hans, Wenn die Reifen eckig werden - Die Containertrucker sind inzwischen in den elektronischen Informationsfluss eingebunden. Das bedeutet noch nicht automatisch schnelle Abfertigung an den Terminals, DVZ, Nr. 240, 03.04.2003
aus Die Welt, Jg. 54, 13.03.2003, Nr. 61, S. 37

(15) Integration von Lagerverwaltung und Zollsoftware, Distribution, Heft 4, 2003, S. 17
aus Die Welt, Jg. 54, 13.03.2003, Nr. 61, S. 37

(16) Zollanmeldung mit Notebook an der Laderampe - Durch Atlas-Software schneller über Waren verfügen, DVZ, Nr. 051, 29.04.2003
aus Die Welt, Jg. 54, 13.03.2003, Nr. 61, S. 37

(17) GLI-Micram und CW Niemeyer kooperieren - Gemeinsamer Vertrieb der Atlas ASP-Version, DVZ, Nr. 028, 06.03.2003
aus Die Welt, Jg. 54, 13.03.2003, Nr. 61, S. 37

Impressum

E-Customs in Deutschland - Atlas und NCTS

Bibliografische Information der deutschen Nationalbibliothek

Die Deutsche Nationalbibliothek verzeichnet diese Publikation in der deutschen Nationalbibliografie; detaillierte bibliografische Daten sind im Internet über http://dnb.d-nb.de abrufbar.

ISBN: 978-3-7379-0850-4

© 2015 GBI-Genios Deutsche Wirtschaftsdatenbank GmbH, Freischützstraße 96, 81927 München, www.genios.de

Alle Rechte vorbehalten. Dieses Werk ist einschließlich aller seiner Teile – z.B. Texte, Tabellen und Grafiken - urheberrechtlich geschützt. Jede Verwertung außerhalb der Grenzen des Urheberrechtsgesetzes bedarf der vorherigen Zustimmung des Verlags. Dies gilt insbesondere auch für auszugsweise Nachdrucke, fotomechanische Vervielfältigungen (Fotokopie/Mikroskopie), Übersetzungen, Auswertungen durch Datenbanken oder ähnliche Einrichtungen und die Einspeicherung und Verarbeitung in elektronischen Systemen.